LA VÉRITÉ

SUR LA

CAISSE MIRÈS

PAR

ALFRED NEYMARCK

PRIX : 1 FR.

PARIS

GROLLIER, LIBRAIRE-ÉDITEUR

PASSAGE DE L'OPÉRA, GALERIE DE L'HORLOGE, N° 13 ET 21.

1868

LA VÉRITÉ

SUR LA

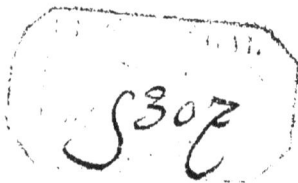

CAISSE MIRÈS

PAR

ALFRED NEYMARCK

❧

PARIS

GROLLIER, LIBRAIRE-ÉDITEUR

PASSAGE DE L'OPÉRA, GALERIE DE L'HORLOGE, N° 3 ET 21,

1868

©

LA VÉRITÉ

SUR LA

CAISSE MIRÈS

SON PASSÉ ET SON AVENIR

Notre dessein n'est pas de faire ici l'éloge de toute une époque, de toute une série d'actes dont on a déjà trop parlé. Nous manquerions d'abord à nos propres principes, si, au lieu de rechercher les causes de la situation malheureuse de telle ou telle Société dans le passé, au lieu d'en indiquer les espérances dans l'avenir, nous nous attaquions aveuglément aux hommes et aux choses, ne consultant que nos intérêts particuliers, nos amitiés ou nos inimitiés personnelles.

Nous avons mieux à faire; en étudiant la situation vraie de chaque affaire, et en prenant ou provoquant, en faveur des porteurs de titres, toutes les mesures conformes à l'intérêt public, nous pensons remplir un devoir honnête, à l'abri de tout soupçon, digne de l'approbation de tous les hommes de cœur et de bon sens.

Que d'autres entreprennent, s'il leur convient, l'*épuration*, suivant une pittoresque image de Proudhon, du corps social; que d'autres attaquent la société dans ce qu'elle a de plus respectable et de plus délicat, le crédit; que d'autres combattent avec violence, avec acharnement, leurs rivaux d'autrefois, et, laissant le champ libre à leurs rancunes personnelles, à leurs inimitiés persistantes, cherchent à entraîner dans le gouffre où ils se sont engloutis, ceux qu'ils envient encore aujourd'hui, malgré même leurs malheurs; soit!

Nous leur en laissons la liberté entière. Mais nous revendiquons pour nous la liberté d'appréciation, le droit de juger sans haine comme sans faveur; nous voulons interpréter froidement les faits, exposer sainement les idées. C'est aux fausses doctrines et non aux hommes, que nous faisons la guerre.

S'il est une Société qui mérite une étude particulière, c'est bien la *Caisse générale des Chemins de fer!* Fondée en 1852, au capital de 50 millions, sous le régime de la commandite, ses débuts faisaient présager un brillant avenir.

De 1852 à 1856, les dividendes distribués s'élevèrent à 30 francs, 69 francs, fr. 79-90, fr. 71-40; le cours des actions varia de 500 francs à 900 francs; aussi comprendra-t-on, rien que par le simple examen des cours actuels, combien les pertes sont considérables.

Si l'on réfléchit que les actionnaires de la Caisse générale des chemins de fer sont, en grande partie, des ouvriers, des artisans, des domestiques, de petits négociants; que sur six mille actionnaires environ, il y en a plus de

deux mille qui ne sont porteurs que de une à dix actions, et que les autres possèdent de onze à seize actions, on conviendra aisément que les intérêts engagés dans la Caisse générale des chemins de fer sont des plus respectables, des plus dignes d'attention ; la possession d'actions de la Caisse Mirès constitue le principal avoir, presque toute la fortune, d'un grand nombre de petits travailleurs ; cette fortune, acquise avec peine par un labeur quotidien, mérite bien qu'on s'en occupe.

Pour bien juger ce que pouvait être la Caisse générale des chemins de fer, il faut se reporter à l'époque où elle passait sous la direction de M. Mirès.

L'empire venait de naître, et, après de violentes émotions, après les crises politiques qui avaient arrêté le commerce, entravé l'industrie, les affaires ne demandaient qu'à reprendre un vigoureux essor.

Les capitaux, qui se tenaient dans une réserve prudente, cherchaient et voulaient trouver des hommes habiles et intelligents qui pussent les diriger et les employer en toute sécurité. A la Bourse, les transactions, suspendues et comme paralysées, n'attendaient que l'occasion favorable. En un mot, la France entière se préparait à entrer dans une nouvelle ère de prospérité industrielle et commerciale.

M. Mirès vint. Il fit appel aux capitaux modestes, aux petites épargnes.

Ce fut le premier démocrate de la finance. La Caisse générale des chemins de fer, dont le capital fut souscrit principalement par les petites bourses, était le véritable contre-pied de l'aristocratie financière ; elle porta un premier coup à la puissance énorme d'une maison séculaire, la maison Rothschild. Avant 1852, on disait de MM. de Rothschild, qu'ils étaient les rois des juifs aussi bien que les juifs des rois ! MM. de Rothschild, — aristocrates de la finance, — ne purent jamais pardonner à la démocratie de leur avoir enlevé quelques fleurons de cette couronne, et notamment le droit de traiter directement avec les gouvernements, le droit de négocier d'État à État.

Quand on considère les affaires de la Caisse des chemins de fer depuis son début, on arrive à une conclusion que l'on pourrait appliquer à toutes les sociétés financières fondées depuis l'Empire.

Toutes les fois que ces Compagnies puissantes, dépositaires de capitaux immenses, ne s'occupèrent que des affaires véritablement françaises, c'est-à-dire répondant au but même de leur fondation, le succès couronna leurs efforts; voilà pourquoi, de 1852 à 1856, la France domina l'Europe par la puissance de ses capitaux, sagement employés à des intérêts véritablement français.

En 1852, la Caisse générale des chemins de fer fut intéressée dans l'emprunt de 50 millions de la ville de Paris; en 1854, elle fit l'acquisition des riches concessions houillères de Portes et Sénéchas, situées au centre du bassin du Gard, entre les mines de la Grand'Combe et Bessèges; en 1855, elle créa les hauts fourneaux et fonderies de Saint-Louis (banlieue de Marseille); elle devint concessionnaire de l'éclairage au gaz de la ville de Marseille; enfin, en

1856, M. Mirès fit l'acquisition des terrains de la Joliette et avec la célèbre Compagnie des ports de Marseille, se créèrent les docks et entrepôts de cette ville.

Il est à remarquer que la Caisse générale des chemins de fer jouit d'une prospérité incontestable, tant qu'elle s'occupa uniquement d'opérations financières essentielle- ment françaises; toutes les Sociétés qu'elle a organisées en France résistèrent au choc des malheureux événements qui ruinèrent la Société mère, ainsi que les entreprises qu'elle fonda à partir de 1856.

Nous la voyons, en effet, depuis cette époque, conclure :

L'affaire des chemins de fer romains ;

L'emprunt espagnol de 800 millions de réaux ;

Le chemin de Pampelune à Saragosse; et, en dernier lieu, le fameux emprunt ottoman, qui devait donner un bé- néfice net de 80 millions aux actionnaires de la Caisse gé- nérale des chemins de fer, et qui fut la cause de sa ruine, au lieu d'être la cause de son salut.

C'est à partir de 1856 que les actions de la Caisse perdi- rent le cours du pair et eurent 50 0/0 en moins dans le di- vidende. En 1858, les actions tombèrent à fr. 277-50 ; elles ne reçurent pour intérêts et dividendes que 25 francs, soit 5 francs en moins qu'en 1853, date à laquelle la So- ciété pouvait distribuer 30 francs, bien que n'ayant encore que six mois d'existence. En 1859, les actions tombent à 147 francs; elles se relèvent en 1860 à 225 francs; l'ar- restation de M. Mirès, en 1861, les fit arriver de chute en chute à fr. 36-25.

Il ressort donc clairement de ces seuls chiffres que le grand mal porté à la Société a été la création d'entreprises étrangères ; c'est là la première cause de la chute de la Caisse des chemins de fer. Le contraste que nous avons établi entre les résultats donnés pendant la période de 1852 à 1856, et les résultats produits pendant les années 1857 à 1861, en est la preuve la plus convaincante.

En 1861, la situation de la Société, sans être des plus brillantes, laissait cependant espérer des jours meilleurs. L'emprunt ottoman était conclu : le bénéfice de cette opération était considérable.

La dénonciation de M. de Pontalba, administrateur de la Caisse, l'arrestation de M. Mirès, firent tout crouler. Nous n'avons pas à parler de son procès, nous n'avons pas à nous occuper de sa condamnation, de son acquittement. Nous ne retiendrons de ces longs débats que ce point bien important : de l'aveu même de MM. Bordeaux et Richardière, liquidateurs judiciaires de la Société J. Mirès et compagnie, la situation de la Société, avant la catastrophe, présentait un excédant d'actif sur le passif de 8 millions.

Si, en dehors de ce solde actif, on établit le compte des pertes sociales qui ont été la conséquence de l'interruption de ses affaires, on arrive facilement à chiffrer par 42 millions, c'est-à-dire par ce qui manque au capital émis, le prix de la résiliation des engagements relatifs au chemin de Pampelune, le prix de la rupture avec la Compagnie des chemins romains, les arrangements relatifs à l'emprunt ottoman, la dépréciation de la clientèle, la dépréciation plus sensible encore d'un portefeuille composé de valeurs recherchées par le public, et, enfin, la diminution des valeurs restées en caisse et sur lesquelles la maison Mirès avait consenti des avances.

Il est donc relativement vrai que le capital des actionnaires était intact ; cette vérité, absolue sur le papier, n'a cessé d'être une vérité que par suite d'événements indépendants de la volonté du maître.

Nous n'avons pas à examiner la nature des faits reprochés au gérant de la Caisse des chemins de fer ; nous nous bornons à relever le symptôme assez singulier, dans les temps de défiance et presque de haine où nous vivons, que les plus fervents défenseurs de M. Mirès furent, après lui, les actionnaires eux-mêmes. On voit, pour la première fois, des gens ruinés soutenir, de toutes leurs forces, avec la plus grande énergie, l'homme qui était accusé de les avoir spoliés, l'homme sur qui s'appesantissaient les rigueurs et les sévérités d'une justice redoutable. M. Mirès en a fait bien souvent un des arguments les plus entraînants de sa défense personnelle.

Mais, qu'on ne l'oublie pas, la cause première des embarras de la Caisse des chemins de fer, aussi bien que de l'hostilité qui de tous côtés se révéla contre elle, se trouve principalement dans la direction donnée à ses affaires depuis 1856. Tout son passé est là. C'est, en effet, à partir de cette époque, que commença la désunion et que fut remarqué l'antagonisme de MM. Mirès, Pereire et Rothschild.

Ces deux derniers n'avaient rien à envier, rien à reprocher à la Caisse des chemins de fer, tant qu'elle s'occupait uniquement des affaires françaises ; du jour où elle voulut embrasser les entreprises étrangères, elle faisait concurrence et portait ombrage au Crédit mobilier, à la maison Rothschild, qui ne purent jamais lui pardonner.

Ainsi, en 1856, M. Mirès négocie un emprunt de 500 millions de réaux avec le gouvernement espagnol. L'Espagne était alors sous la domination du célèbre banquier de la rue Laffitte. M. Mirès avait bien compris les difficultés qu'il rencontrerait.

Aussi, à peine avait-il conclu et signé le traité qui lui assurait l'emprunt espagnol, que son premier soin fut d'offrir à M. de Rothschild, une participation dans l'opération.

M. Mirès se rendit lui-même chez le puissant baron. M. G..., aujourd'hui encore bien connu dans la maison Rothschild, avait ménagé cette entrevue. M. de Rothschlid coupa court à toute discussion, en disant à M. Mirès qu'il consentait à participer à l'affaire, mais à la condition formelle de prendre TOUTES les parts pour lui, d'obtenir, comme le lion de la fable, l'exclusion de la Caisse des chemins de fer, tout en lui réservant, cependant, une petite part dans les bénéfices.

M. Mirès refusa : « C'était disait-il, déclarer explicitement qu'il ne pouvait remplir les engagements qu'il avait contractés. » On se rappelle encore ce mot de M. Mirès à M. de Rothschild, lorsque, à bout d'arguments pour le décider à effectuer l'opération, de concert avec la Caisse des chemins de fer : « Monsieur le baron, — dit-il — vous êtes le roi de la finance, mais un roi trop exigeant : quand les princes deviennent despotes ou tyrans, vous ne trouverez pas mauvais que les sujets se révoltent ! — Eh bien, repartit M. de Rothschild, révoltez-vous, M. Mirès, révoltez-vous ! »

L'union était impossible : le démocrate entrait en lutte

avec l'aristocrate ; il fallut payer les frais de la guerre. Lorsque M. Mirès voulut opérer la négociation des titres de l'emprunt, sur tous les marchés de l'Europe, il rencontra des résistances imposées par M. de Rothschild, et, en résumé, par suite des difficultés suscitées de toutes parts et sur tous les points, l'affaire qui aurait dû donner un bénénéfice d'environ 25 millions de francs, a été, pour la Caisse, une affaire nulle. (*J. Mirès — A mes juges — pp.* 99 et 100.)

Dans cette lutte entre le pot de terre et le pot de fer, M. Mirès fut tout à la fois vaincu et vainqueur ;

Vaincu, par un résultat au moins négatif dans le présent, et par un germe de ruine très-positif pour l'avenir.

Vainqueur, par l'émission de principes nouveaux en matières financières; car nous verrons, avant de finir, comment le tribun des actionnaires sut donner une leçon au roi de la finance.

Oui, le résultat de l'emprunt espagnol fut nul, suivant l'aveu même de M. Mirès; mais il fut, suivant nous, pernicieux pour la Caisse des chemins de fer. Cette première opération étrangère fut en effet le point de départ d'une baisse persistante sur les actions. Dès ce jour, elles descendirent au-dessous du pair, pour n'y plus revenir.

Mais M. de Rothschild, à son tour, reçut une leçon. M. Mirès se garda bien d'entrer en lice, en suivant les anciens errements de la banque. On se rappelle que l'emprunt espagnol fut soumissionné par la maison Mirès, au prix réel net de fr. 38-06, et que, conformément au système adopté par la Caisse générale des chemins de fer, qui associait le public aux avantages de ses entreprises , l'emprunt espagnol fut émis à fr. 38-56, soit, avec une honnête et modeste commission de fr. 0-50 seulement.

On se sauve toujours par les principes, et on peut dire aujourd'hui, sans crainte de se tromper, que l'emprunt espagnol, vaut encore ce que M. Mirès l'estimait valoir alors. Le public ne peut pas se dire trompé dans cette occasion.

Si M. de Rothschild, quelques années après, avait suivi le même principe pour l'emprunt italien, on ne l'aurait pas trouvé émettant en France à 75 francs ce qui ne vaut même pas 40 francs. On ne pourrait pas calculer aujourd'hui, par une comparaison où il doit s'avouer vaincu, que l'emprunt espagnol n'a pas causé de ruines en France, tandis que deux émissions de rentes italiennes de 750 millions chacune y ont laissé une perte qui se chiffre dans le présent, sans préjudice de l'avenir, par deux fois 300 millions, soit en tout 600 millions enlevés à la démocratie financière en France.

Nous avions donc raison de dire que, si M. Mirès avait été vaincu par la Bourse, il était resté vainqueur par les principes. Nous avons donc raison de penser qu'en finance, comme en politique, la démocratie sait quelquefois donner des leçons à l'aristocratie.

L'union financière, que réclame chaque jour M. Mirès, eût été bien désirable alors qu'il dirigeait la Caisse des chemins de fer et administrait ou commanditait des sociétés industrielles importantes. M. Mirès comprenait bien qu'une semblable union lui eût permis de soulever le monde finan-

cier, en s'appuyant sur les forces réunies du groupe Rothschild et du groupe Pereire.

N'est-il pas regrettable, dès lors, que M. Mirès, cédant à
un sentiment bien compréhensible du reste, ait refusé,
pour son emprunt espagnol, le concours de la maison
Rothschild, et, par suite, au lieu d'un ami, s'en soit fait un
ennemi puissant? C'était, avons-nous dit précédemment,
la lutte du pot de terre contre le pot de fer, M. Mirès devait
inévitablement succomber.

On ne sait guère où commencèrent les premiers dissen-
timents entre MM. Pereire et le gérant de la Caisse des
chemins de fer. Quand le Crédit mobilier fut fondé, on
attribua gracieusement 500 actions à M. Mirès, et le *Journal
des chemins de fer*, propriété de M. Mirès, était le zélé
défenseur de la nouvelle institution ; quelques années en-
suite, le même journal tonnait contre le Crédit mobilier et
commençait une campagne que devait continuer avec le
même acharnement le journal *la Presse*. Cette hostilité se
dessine bien plus clairement encore à la fin de 1858. Au
31 décembre de cette année, le compte des opérations de la
Caisse des chemins de fer engagées à la Bourse se résumait
ainsi :

Il était vendeur de :

10,125 actions du Crédit mobilier,
1,725   —   Autrichiens,
825   —   Midi ;

c'est-à-dire vendeur à découvert de valeurs émises ou pa-
tronnées par MM. Pereire.

Dans ces conditions, l'union financière était-elle possible? MM. Pereire devait-ils donc remercier M. Mirès, et pour ses articles fulminants, et pour ses attaques plus violentes encore, par suite des ventes effectuées sur les valeurs du Crédit mobilier? C'eut été d'une charité bien chrétienne, et MM. Pereire, pas plus que M. Mirès, ne tendent la joue droite quand on les frappe sur la joue gauche.

L'histoire de la Caisse générale des chemins de fer donne lieu, à chaque pas, à des rapprochements singuliers, à des observations que l'on pourrait prendre pour règle de conduite dans l'avenir. Ainsi, M. Mirès s'occupe d'entreprises *françaises*, il réussit; il entreprend des affaires industrielles à l'*étranger*, telles que les chemins Pampelune, Romains, il échoue; le crédit de la Caisse des chemins de fer est ébranlé, il se lance dans les emprunts d'États et conclut l'emprunt ottoman, dont la réussite devait donner de sérieux bénéfices.

MM. de Rothschild commencent par les emprunts d'États, se font les prêteurs de tous les gouvernements; leur crédit augmente, leur richesse s'accroît; puis, séduits eux-mêmes par les doctrines dangereuses de la nouvelle école inaugurée par MM. Mirès et Pereire, ils traitent les chemins Saragosse, Lombards; ils fondent des institutions de crédit en Espagne, en Italie, en Autriche; ces diverses entreprises sont la source des premières déceptions, l'origine des reproches, la maison Rothschild, jusqu'alors inattaquable, prête le flanc à la critique.

MM. Pereire commencent par s'intéresser dans des affaires

françaises ; leur crédit prend des proportions considérables ; ils patronnent des valeurs étrangères ; la chute de ces entreprises leur indique qu'ils ont fait fausse route ; et, enfin, désabusés, attaqués de tous côtés, ne songeant plus qu'à rentrer dans la voie d'où ils n'auraient jamais dû sortir, ils s'intéressent dans l'émission de l'emprunt de 1865 de la ville de Paris.

Ce fut la dernière opération financière du Crédit mobilier.

Observons encore que, même cette dernière opération, conclue au moment où l'astre de la place Vendôme déclinait, fut conduite avec tant de bonheur, qu'avec un versement de 75 francs le souscripteur originaire a pu recueillir de 50 à 70 francs de prime, c'est-à-dire presque doubler son capital.

Eh bien, quand nous voyons que, dans les plus fortes maisons, dans les institutions les plus solides, le germe de discrédit fut le concours donné à des entreprises étrangères, nous disons que, même sans le procès, sans la liquidation judiciaire de la Caisse des chemins de fer, sa chute était inévitable dans un temps plus ou moins rapproché.

L'arrestation de M. Mirès produisit dans le monde financier une émotion profonde : en sa personne alors, comme en la personne de M. Pereire aujourd'hui, le crédit général était atteint. Ce n'est pas un individu qui tombe en pareil cas : c'est une des pierres de l'édifice général qui se détache et qui le fait s'ébranler jusque dans ses fondements. On peut dire aujourd'hui que le malheur de M. Mirès a fait son bonheur ; sans sa chute de 1860, qui lui a enlevé des affaires encore relativement prospères, il les eût gardées elles se seraient évanouies dans ses mains, comme d'autres plus solides se sont évanouies dans des mains plus tenaces encore que les siennes.

Il eût été maudit comme les autres.

Tôt ou tard, la chute de la Caisse des chemins de fer était inévitable. Dès 1856, elle portait en elle les germes de sa ruine. Le Crédit mobilier avait un boulet terrible à traîner : les chemins suisses, Nord de l'Espagne, la Compagnie Immobilière, etc., etc. La Caisse des chemins de fer était engagée à tout jamais, et dans les chemins Romains, et dans les chemins Pampelune; ces deux entreprises, aujourd'hui en désarroi complet, auraient entraîné plus profondément et plus vite la Caisse elle-même.

Pour les soutenir, il lui eût fallu des capitaux immenses, dont elle ne disposait pas, et qu'elle n'aurait pu trouver; M. de Rothschild peut bien aider de son crédit, de sa puissance, les chemins Lombards qui, pour lui aussi, sont une véritable tunique de Nessus; mais qu'aurait pu faire la Caisse des chemins de fer, en butte aux attaques de toute la presse, de toute la banque, et soutenue seulement par des actionnaires à demi ruinés?

Il ne suffit pas de créer des entreprises industrielles, il faut pouvoir les conduire, les soutenir. On croyait, en 1856, en s'adressant à l'étranger, que ces pays, régénérés par la puissance des capitaux, donneraient des résultats favorables à ceux qui les premiers oseraient s'y intéresser; on s'adressait à des sols ingrats : en Espagne, les chemins de fer sont morts ; en Italie, M. Mirès sait bien que son capital de fondation des chemins Romains s'élevant à 175 millions, il a eu, du premier jour, 40 millions à porter aux profits et pertes ; nous n'avons pas besoin de lui en donner le détail ; quant aux institutions de crédit, c'est pis encore. Et, quand on a vu MM. de Rothschild échouer, quand on a vu le Crédit mobilier succomber sous la tâche, peut-on dire que la Caisse des chemins de fer eût réussi? Nous ne le pensons pas.

Cependant, dans ces malheureuses entreprises étrangères, il restera un fait important à la louange de la Caisse des chemins de fer.

Tandis que M. Rothschild émettait avec primes, et son emprunt italien, et ses chemins Lombards, Saragosse, etc., etc.; tandis que le Crédit mobilier ne lançait pas sur le marché une seule valeur sans qu'elle fût surmenée avec une prime énorme, nous voyons la Caisse des chemins de fer se borner, dans l'emprunt espagnol, dans les chemins romains, espagnols, à une simple commission de banque, faisant ainsi participer sa clientèle et le public aux opérations qu'elle contractait.

Quelle est aujourd'hui la situation de la Caisse et la valeur intrinsèque des actions?

Pour juger sainement la valeur intrinsèque des actions, il faut se reporter aux précédentes assemblées de 1864 et 1866, assemblées dans lesquelles M. Mirès a donné des explications très-étendues.

Ainsi, comme premier point important, la Caisse des chemins de fer possède en portefeuille 19,000 de ses propres actions, ce qui réduit le capital social à 81,000 actions. M. Mirès l'a déclaré à l'assemblée du 6 février 1864. En cas de répartition, les sommes à distribuer

ne doivent et ne peuvent se répartir que sur 81,000 titres.

Voici comment, à l'assemblée du 16 juillet 1864, M. Mirès établissait la situation de sa Société, d'après le bilan des liquidateurs :

En caisse	4,500,000	»
Gouvernement ottoman.	2,545,000	»
Pontalba.	2,200,000	»
Romains, Pampelune, Gaz Marseille. .	3,000,000	»
Total. . . fr.	12,245,000	»

soit **135 fr. environ par action.**

Sur ces 135 fr. par action, il a été distribué par les liquidateurs une somme de 15 francs : l'actif social se réduirait donc à 126 francs par titre.

Nous pensons que ces chiffres sont exagérés, nous préférons de beaucoup les chiffres donnés par M. Mirès, à l'assemblée du 10 avril 1866.

A cette époque, il y avait 2,500,000 fr. en caisse, sur lesquels M. Mirès a été autorisé à prélever 1,500,000 fr. pour en faire un emploi dont il s'est engagé à rendre compte en 1867. Depuis, la liquidation a touché 500,000 francs de M. Pontalba ; des créances douteuses ont été payées ; en un mot, l'actif disponible de la Caisse des chemins de fer doit s'élever actuellement

environ à	3,000,000	»
Il faut y ajouter l'intérêt à 6 pour 100 au moins pendant deux ans.	360,000	»
Total. . . fr.	3,360,000	»

Ce qui représente environ **42 fr. par action.**

Si , à ces chiffres déjà importants, et que nous pensons exacts, nous ajoutons :

1° 2,545,000 fr. dus par le gouvernement ottoman ;

2° 3,000,000 fr. dus par diverses Compagnies, créances dont M. Mirès a toujours espéré, affirmé et pressé la rentrée, nous trouvons un total de :

5,545,000 fr. qui, avec les 3,360,000 francs en espèces disponibles, donnent un total de 109 fr. à 110 fr. par action.

Si nous réduisons de 50 pour 100 la valeur des créances sur le gouvernement ottoman et sur les diverses compagnies, nous trouvons que les actions de la Caisse générale des chemins de fer valent au minimum 71 francs.

Il résulte donc de ces chiffres :

1° Que la valeur minimum des actions de la Caisse, — en admettant qu'aucune créance ne soit rentrée, et que la liquidation se borne à distribuer l'actif disponible, — est au MINIMUM DE 42 FRANCS;

2° Qu'en admettant que 50 pour 100 des créances soient payées, la VALEUR DES CAISSES N'EST PAS MOINDRE DE 71 FRANCS;

3° Qu'en admettant que, suivant les promesses et l'espoir de M. Mirès, toutes les créances soient payées, la VALEUR DES CAISSES ATTEINDRA LE CHIFFRE MINIMUM DE 110 FRANCS PAR ACTION.

En tous cas, il nous paraît, dès aujourd'hui, bien évident et bien clair que les actions de la Caisse des chemins de fer, au coût de 44 à 45 francs, ne sont pas au prix que l'on peut justement espérer dans un avenir rapproché.

Nous ne parlons pas des opérations que M. Mirès a pu faire avec les fonds que ses actionnaires lui ont confiés il y a deux ans. Nous avons évalué le revenu minimum à 6 pour 100. C'est simplement l'intérêt de l'argent et M. Mirès aura su en faire un emploi plus productif, nous n'en doutons pas un instant. Si nous prenons un terme moyen entre la valeur intrinsèque, 42 francs, et le prix le plus haut 110 francs, — nous arrivons au cours de 76 francs.

Si nous prenons le cours moyen entre 42 fr. et 71 fr., chiffre que nous admettons dans notre seconde hypothèse, la valeur ressort à fr. 57-50.

Nous pensons donc que les actions de la Caisse des chemins de fer doivent s'établir à des prix plus raisonnables. A notre avis, le cours de 60 francs serait plus justifié, pour le moment, que le cours de 42 francs qui est un cours infime.

Nous sommes arrivés au point le plus délicat de cette étude : l'Avenir de la Caisse Mirès.

M. Mirès a toujours déclaré qu'il voulait rembourser ses actionnaires à 500 francs. — Nous omettons les intérêts à 5 pour 100, qu'il leur a promis comme supplément. — Mais on comprendra facilement qu'un tel projet est irréalisable, impossible. Il ne suffit par de frapper la terre du pied pour en faire sortir 50 millions ! Autrement, M. Mirès aurait fait sortir des trésors des entrailles du globe sur lequel il se remue.

En admettant même, — ce qui peut paraître encore bien exagéré, — que M. Mirès, sur les affaires qu'il pourrait traiter, remboursât 5 millions par an, il lui faudrait plus de dix ans pour tout payer.

Croit-on aussi qu'il lui est facile de gagner 5 millions par an, même avec toute l'habileté qu'on lui suppose dans les opérations et sur le terrain de la Bourse?

Cependant, nous pensons que la Caisse des chemins de fer peut renaître de ses cendres : que lui faut-il pour cela ? Des faits, non des paroles, et moins encore des promesses.

Ainsi, il y a deux ans que les actionnaires ont mis à la disposition de M. Mirès 1,500,000 francs pour en faire un emploi lucratif. Des comptes devaient être rendus en 1867. Nous sommes en 1868, M. Mirès garde un silence funèbre. On croirait, en vérité, que M. Mirès est mort, si ses articles fulminants contre toute la banque, MM. Pereire, Rothschild, Hottinguer, Pillet-Vill, la Société Générale, etc., etc., ne montraient suffisamment qu'il est encore bien et bon vivant.

Dernièrement on nous disait : « Pourquoi M. Mirès, au lieu de s'occuper des affaires d'autrui, au lieu de chercher une paille dans l'œil du voisin, ne nous parle-t-il pas un peu des affaires de la Caisse? Les actionnaires ont-ils nommé M. Mirès *liquidateur* de la Société, pour *mettre en liquidation* le Crédit mobilier ou MM. de Rothschild ? La liquidation de sa caisse est-elle terminée, pour qu'il entreprenne la liquidation des caisses de ses voisins ?

Les 1,500,000 francs que M. Mirès devait employer au mieux des intérêts communs ont-ils fructifié, ou bien sont-ils perdus ? Les créances sont-elles rentrées, comme l'espérait M. Mirès, ou bien ne valent-elles plus un centime ? »

Telles sont les questions que chacun se pose et qui répondent évidemment à une inquiétude générale. Oui, les actionnaires sont inquiets, sont impatients : bientôt, ils n'auront plus confiance.

Depuis 1862, les promesses ne leur ont certes pas fait défaut. Mais tantôt c'était le gouvernement qui, au dire de M. Mirès, empêchait la réalisation de ses projets grandioses ; tantôt c'étaient MM. Pereire et Rothschild ; une autre fois, c'étaient les liquidateurs, MM. Bordeaux et Richardière, qui étaient mis sur la sellette ; aujourd'hui, qu'il est liquidateur, est-ce *lui* qui s'arrête *lui-même* ?

Le gouvernement déclare plusieurs fois qu'il laisse M. Mirès, libre, complétement libre de travailler.

MM. Pereire et Rothschild ont, disent-ils, tout autre chose à faire, et mieux à faire, que de s'occuper de la personnalité de M. Mirès ; les liquidateurs se retirent. Les vœux de M. Mirès s'accomplissent.

Que fait-il ? ou plutôt qu'a-t-il fait ? Rien, absolument rien, sinon, hélas ! moins que rien. Aussi la situation actuelle peut se résumer pour les actionnaires en ces deux mots : découragement profond, car, hélas !

« .... on désespère,
« Alors qu'on espère toujours ! »

Dans une lettre récente, M. Mirès disait à ses actionnaires

que leurs *impatiences* étaient légitimes. Eh bien, il est temps encore de remédier à une situation d'autant plus terrible qu'elle est plus *légitime*.

L'Union financière, imaginée par M. Mirès, sauvera-t-elle ses actionnaires? On a traité ce projet d'utopie, d'antidote pour endormir les malades, et ce n'est pas à tort. Nous aurions compris, et nous comprendrions encore de la part de M. Mirès, l'Union des actionnaires; c'est-à-dire la défense du faible contre le fort, de la démocratie financière contre l'aristocratie des banquiers. Cette idée eût été digne de M. Mirès.

Quant à l'Union financière, c'est-à-dire l'union des intérêts de toute la banque, c'était impossible. Qu'auraient gagné les porteurs de titres à cette véritable coalition des gros bonnets de la finance? Sur quoi ou sur qui auraient-ils prélevé des bénéfices? Sur le public? car nous savons que toujours :

« Les petits ont souffert des sottises des grands. »

Eh bien, que M. Mirès, descendant des hauteurs où son imagination active l'a poussé, jette les yeux sur la terre, il y verra ses actionnaires à sauver. Il verra que les colères, les menaces, les attaques violentes, ne sont plus ni de saison, ni de mode. Il verra que tous les banquiers ont leur charge à supporter, leurs tracas, leurs ennuis, et qu'ils ont assez à s'occuper d'eux-mêmes pour chercher à l'empêcher *de travailler*. Que lui reste-t-il donc à faire?

La Banque des États?

De toutes les conceptions du gérant de la Caisse des che-

mins de fer, c'était l'idée de la création d'une Banque des
États qui était la plus heureuse, et peut-être la plus lucrative,
à coup sûr la moins périlleuse.

Oui, nous comprenions une Banque des États, non pour
jouer ou spéculer, mais bien pour servir de véritable caisse
de garantie et d'amortissement de fonds d'État.

Cette idée, que depuis si longtemps nous avons soutenue,
qui vient d'être appliquée en Angleterre, est encore neuve
en France.

Nous pensons, et avec raison, que le salut de la Caisse
des chemins de fer serait devenu certain avec une opération
semblable.

M. Mirès n'a qu'à vouloir,..... mais!.....

Aujourd'hui les Sociétés anonymes sont libres; il peut se
nommer, de par ses Statuts, seul administrateur ou direc-
teur responsable. Il n'a plus besoin de l'autorisation du
Gouvernement; s'il a un troupeau d'actionnaires autour de
lui, s'il est capable d'entraîner le public, comme il ne sem-
ble pas en douter, qu'il parte, qu'il marche. Son inaction
fait craindre, non pas qu'il ne puisse, mais qu'il ne veuille
rien faire.

Ses actionnaires le croient empêché; ils ne le supposent
pas volontairement arrêté.

Leur impatience est non-seulement légitime; elle est rai-
sonnable et raisonnée.

Nous avons entendu murmurer que M. Mirès avait réa-
lisé, dans d'heureuses spéculations, d'énormes bénéfices :
nous croyons avoir entendu dire aussi qu'il avait obtenu
une part avantageuse dans de grandes conceptions financières; nous ne doutons pas que ces bénéfices et avantages

ne soient réservés par lui à ses actionnaires et qu'un rapport fait à une prochaine assemblée générale, attendue depuis longtemps déjà, ne leur ménage d'agréables surprises.

Mais M. Mirès, qu'on ne se fasse pas d'illusions, ne veut pas, — non, — ne veut pas se livrer aux affaires.

Il aime mieux se livrer aux diatribes, aux récriminations, à l'examen des autres au lieu de s'examiner lui-même.

Eh! qu'au lieu de chercher si MM. Pereire ou de Rotschild ont rendu des services à l'État, il considère donc bien plutôt comment, par ses clameurs hebdomadaires, il discrédite l'État, il *tombe* le crédit général, comme si son but était de se relever sur les ruines de tous, et, dans une nouvelle Cour de miracles, de se proclamer lui-même le *Roi des Ribauds*.

Nous avons terminé cette étude.

Résumons-la.

Le Passé! — Nous avons montré que la chute des affaires de la Société était inévitable, en admettant même que M. Mirès ait pu rester à la tête de sa maison!

Le Présent! — La valeur réelle des actions est plutôt de 60 fr. que de 45 fr. La liquidation peut donner 110 fr. à 115 fr. par titre, sans l'avenir encore inconnu.

L'Avenir! — Nous y voyons, si M. Mirès le veut, la reconstitution entreprise de la Banque des États, comme caisse de garantie et d'amortissement des emprunts étrangers.

Nous avons donné à cette étude tout le soin qu'elle comportait, en nous conformant surtout et toujours à un prin-

cipe qui est le nôtre, et que nous avons posé dès les premières lignes : nous l'appelons « *l'Impartialité.* »

Nous nous sommes abstenu de toute discussion, de tous
reproches.

Nous suivrons attentivement les nouvelles pouvant avoir
une influence quelconque sur l'avenir et l'amélioration de
la Caisse des chemins de fer, — de la caisse Mirès.

Alfred NEYMARCK.

PARIS, IMPRIMERIE PAUL DUPONT, RUE DE GRENELLE-SAINT-HONORÉ, 45.

BANQUE ET JOURNAL

L'UNION DES ACTIONNAIRES

Paris, 18, Chaussée-d'Antin, 18, Paris.

Achat et vente, au comptant ou à terme, de rentes, actions et obligations françaises ou étrangères.

Encaissement gratuit des coupons.

Avances en compte courant à 1 0/0 au-dessus du taux de la Banque de France.

Comptes courants avec chèques à 4 0/0 l'an.

Renseignements confidentiels sur toutes valeurs.

L'UNION DES ACTIONNAIRES

Seul journal financier, hebdomadaire et indépendant, paraissant tous les jeudis.

PARIS, 6 fr. par an. — DÉPARTEMENTS, 7 fr. par an.

SOMMAIRES DES TROIS DERNIERS NUMÉROS.

ENVOI GRATUIT PENDANT UN MOIS SUR DEMANDE.

S'adresser, pour tout ce qui concerne l'administration, à M. J. DAVID, 18, rue de la Chaussée-d'Antin, à Paris.